Cuatro Otoños en Abril

Angie Vásquez • Oswaldo Saavedra • Brenda Ramírez • Lesly Ruiz

CUATRO OTOÑOS EN ABRIL

Angie Vásquez, Oswaldo Saavedra, Brenda Ramírez y Lesly Ruiz

© GATO VIEJO PRODUCCIÓN EDITORIAL S.A.C.
RUC. 20603147414

Mza. 72 Lote 1 Grupo 10 - Huáscar - S.J.L. - Lima
E-mail: director@gatoviejoediciones.com
ISBN: 978-612-4433-01-6

Lima – Perunmanta pacha rurachkan

Angie Vásquez

Nació en Lima y tiene 23 años. Estudia Idiomas, y a corta edad empezó a escribir sus primeros versos. Ella nos entrega una muestra de sus primeros poemas, donde toca con ternura lo dulce y doloroso que puede ser el amor y el olvido.

IG, @angsusvas

Yo (no) quería

Se me ha dado por escribir en todo momento y aunque mis versos
aún no son claros, el motivo de esta necesidad es evidente en mi
interior: desamor.

Yo no quería que me ames como a ella
vaya locura la tuya
hubiéramos terminado quebrados
yo no quería que veas en mis ojos su luz.

¡Yo no quería ser ella!
Te hubieras perdido de nuevo en un laberinto sin salida.
Yo, quería ser diferente
darte un nuevo amor
recordarte que el amor, conmigo, vale la pena
demostrarte que en mí podías confiar
darte esa esperanza que tanta falta le hacía a tu vida
dejarte en claro que mi amor era incondicional
quería amarte en libertad.

Yo no quería ser ella
quería ser YO
y que esa razón te fuese suficiente para amarme
pero qué lástima
te dio tanto miedo tenerme
que huiste de mí
yo que te brindé todo
y tú que esperaste perderme
perderme
para entender que yo no era ella.

Propuesta de la incorrecta

Tú no querías, y yo aprendí a quererte.

No quiero que nos prometamos un «para siempre juntos» o un «ser felices para siempre» porque el «siempre» se acaba. No quiero ser un amor de cliché. Quiero que vivamos el día a día, entregándonos intensamente sin importar si hoy nos amamos y mañana nos olvidamos. Y sin importar lo que des a cambio, seré feliz contigo aunque yo desee una relación verdadera sin condiciones baratas que solo acepte porque te quiero. Y necesito de tus brazos para sentirme querida, aunque de por sí sepa que tu amor sabe a vacío. Necesito una relación en la que sin temor pueda coger tu mano al ir por la calle, decirte «amor» sin miedo a que me rechaces o te pongas incómodo, una en la que si me preguntan: ¿tienes novio? Pueda responder con seguridad que sí y no titubear ni tener una batalla en mi mente porque no sepa qué seamos.

Sí, quiero y merezco un amor bonito
un amor romántico
sin temores ni condiciones.

Sigamos siendo libres
jamás te ataré
solo pido que no te entregues por partes
ni cohíbas mi cariño
por la comodidad que sientes al saber que acepto tu falta de compromiso
o tu «no estoy dispuesto a esas cosas por nadie»
porque conozco ese drama
no es que tú no quieras
es que no soy la persona correcta
no te atreves.

No te nace arriesgarte
lo sé

mientras tanto seguiré disfrutando de ser la incorrecta
pero por favor
¡hagámoslo bien!

MIEDO

Cansada de demostrar amor a quien solo piensa en su pasado.

Lamento ser tan cobarde
y tan poco fuerte para no decirte esto cara a cara
pero sé que tienes todas las de ganar
cada vez que estoy frente a ti
y eso
no debe suceder

tu vida se va a joder esté a tu lado o no
quizás ocurra que te ayude por un tiempo
y ella
deje de insistir en a tu lado regresar

¿pero qué va a suceder conmigo cuando ya no me necesites?
volveré a jugar a ser la enamorada de un alma libre
o tal vez no funcione
y termines cayendo en ella
aun cuando yo esté contigo
o puede ser que todo salga bien
y luego de un tiempo
ella vuelva para hacer contigo lo que quiere
y volveremos al mismo jueguito estúpido de siempre

de cualquier forma yo sufriría
y yo
ya te lloré suficiente.

ÉL

*Y yo que nunca quise tatuarme, sin darme cuenta, te dibujaste en
mi piel para siempre.*

Tiene los ojos más sinceros que he visto
aunque la duda bordee su mirada

en su cabello rizado se enredan mis pensamientos
en sus bellos labios se pierden mis deseos
en esa bonita sonrisa nace mi locura
entre sus brazos me regala protección
su piel de azúcar me hace perder la razón
en su cuerpo los tatuajes cuentan sus historias
y en su corazón se ocultan las marcas de su vida.

él desafía mis gestos
e invento una sonrisa que nadie entiende
lo quiero sin razones
lo espero sin esperar que vuelva
le escribo sin esperar que me lea y entienda
porque el muy idiota no sabe interpretar mis letras

él sabe querer bonito
pero a veces tiene miedo y se aleja
me quiere y nunca lo niega
aunque no lo demuestra
tiene el alma de niño
y por eso necesita tiempo para entender lo que pasa
aunque no siempre está
sabe regresar.

San Valentín

*Si me pides que explique mi amor por ti, con gusto te diré que es
como el mar: constante y sin final.*

Este 14 de febrero (maldita fecha socialmente especial que me
recuerda al año anterior), me la pasé llorando por no estar juntos y
por tus hirientes palabras para deshacerte de un futuro conmigo.

Tengo en la mente ciertas dudas sobre ese tú y yo; sí, así, por
separado, porque ya no sé si somos un «nosotros», o si quizás
alguna vez existió. Me pregunto seriamente si eres feliz conmigo,
si te sientes completo, si te emociona mi sola presencia, si piensas
en mí, si cuando estás en otro lado te gustaría que también esté
allí, si los domingo por la mañana quieres despertar conmigo, si
sientes paz en mi compañía, si deseas besarme o abrazarme y
perderte en mi piel.

¿Alguna vez has fantaseado con un futuro a mi lado? O en las
noches que la mente te atormenta piensas en refugiarte en mis
palabras y huyes de los malos pensamientos con alguno de
nuestros buenos momentos, si mi sonrisa te despierta, si te puedes
encontrar en mi mirada o si acaso estás solo por miedo a perder a
quien te ama, por mera comodidad de tener a quien se desvive de
amor por ti, por la confianza absoluta que te da saber que haría
casi todo por seguir amarrada a tu cintura.

Te amo tanto que, mi principal preocupación es sembrarte
sonrisas y paz. Y qué va, tal vez ya esté lista para marcharme.

ACEPTACIÓN

Somos amigos que de vez en cuando comparten la misma cama, que en la oscuridad se vuelven amantes jurando amor eterno al son del placer, pero cuando sale el sol dejan a un lado la pasión. Amigos, que quizás se aman, se son leales y se cuidan cual tesoro más valioso. Sí, solo amigos que temen aceptar que entre ellos hay un amor que pueden arruinar.

Aquella noche intenté contemplarte con el mismo amor de antes. Te miraba con cierta curiosidad tratando de encontrar los detalles que me enamoraron. Te escuché hablar mientras veía tu boca gesticular cuidadosamente cada palabra. Esa bonita sonrisa que antes me embelesaba, hoy ya no tortura mi mente; y en tus ojos no pude encontrar el mismo brillo que me iluminó, o quizás soy yo que ya no los miro con tanto entusiasmo.

En un par de ocasiones intentaste tomar mi mano y abrazarme, pero te rechacé, porque te lo juro, ya no se siente igual. Te sentí forzado, inquieto e inseguro, como quien está obligado a amar, porque sabe que sino, la puede perder.

No te he dejado de querer, de eso estoy segura, solo he aceptado que nuestro amor de noche no puede pasar, porque el corazón, en tu caso, no da para más.

Perdida en Ti

> *No le temo al amor, sino a la persona tan vulnerable en que me
> convierto al estar enamorada.*

Me siento asustada, aterrorizada
casi estupefacta por la sensación que tengo en el corazón
de que con solo mencionar tu nombre
este se destruirá como un castillo de naipes

un nudo en la garganta vuelve todo más desesperante
quiero relajarme y olvidar esto
pero es imposible, soy tuya

mi mente intenta huir
rebusca por todos lados algún recuerdo feliz
que me saque de aquí, es en vano
me atrapa la ansiedad, las dudas
y la premura de este amor

tú no estás
y creo que si estuvieras sería aún peor
te quiero a mi lado
pero maldita sea
cómo me haces daño
eres mi «quiero, pero no debo»
me siento atrapada, enclaustrada
presa de este inútil amor
de tus dudas, de tu ir y venir, de tu miedo
¿cómo le hago para aun así quererte?
no lo sé
necesito encontrar la forma de huir
y olvidarme de ti.

NOCHE EN VELA

Esta relación a veces de dos,
otras solo mía y de tu recuerdo.

Una madrugada sonó mi teléfono, era él haciendo su majestuosa aparición. Contesté con la voz temblorosa sabiendo que caería fácilmente en sus palabras. Quería que nos veamos. No mentiré, me moría por verlo. Sonaba un poco ebrio y sin conciencia de lo que estaba diciendo.Solo entendí: llego en 30 minutos; unos largos minutos de espera; hasta que el timbre sonó y corrí a atender a mi nuevo recuerdo y próxima herida. Me abrazó y dijo que quería dormir, noté su mirada un poco triste y cansada. Esa noche no intercambiamos palabra alguna, solo quería un pecho en el que descansar y un poco de cariño que a mí siempre me sobró si se trataba de él. Me mostró una faceta frágil, se refugió en mis brazos como un niño indefenso que no sabe a donde huir.

Puede que haya sido el alcohol lo que le haya hecho buscarme, o quizás, solo quizás, me gané su confianza y se sentía seguro conmigo. Esa madrugada no pude dormir, solo contemplé su rostro mientras dormía con la esperanza de detener el tiempo y olvidar que en pocas horas despertaría y como siempre se marcharía. Pero la realidad es inevitable, él se marchó; y otra vez me encuentro aquí, esperando su llamada.

Reencuentro

*Aunque el momento fue muy bueno
el recuerdo me hace daño.*

Aquella vez, lo volví a ver, estaba tal cual el primer día que lo conocí en aquel salón de clases, con aquella sonrisa pícara que mostraba sus dientes perfectamente blancos y alineados con el universo, su cabello chino, y esos ojos que irradiaban simpatía, pero que te atrapan cual agujero negro; y su piel de azúcar tan dulce a simple vista, pero tan adictiva. No me conquistó a primeras, pero aprovechó todo atributo a la perfección, y sobre todo, notó mi fascinación por su sonrisa ¡y diablos!, ¡no paró de sonreír! Y por supuesto, no olvidó usar su coqueta mirada. Sin darme cuenta, en cuestión de horas, me atrapó y logró que depositara mi confianza en él, como si de un viejo amigo se tratara. Platicamos de cosas que jamás imaginé contar a un muchacho, me transmitió los motivos suficientes para no sentir miedo. En sus ojos leí: todos tus secretos serán guardados en mi corazón. Le mencioné una y mil veces que no quería enamorarme porque tenía muy quebrado el corazón, pero cómo no hacerlo, si con él, hablar, fue tan fácil. Dentro de mí sabía que quererlo iba a ser inevitable. Pasaron algunas horas de plática eterna y con nuestros cuerpos calientes por los vasos de alcohol que bebimos, decidimos ir a otro lugar para bailar un poco. Durante el camino, ya en el auto, estaba sentada a su lado, cerca de sus brazos, y viendo esos labios solo repetía en mi mente como una plegaria a mis impulsos «no lo beses, por favor, no lo beses», pero ya era tarde, y en medio de la oración, me encontré saboreando el dulce sabor de sus labios, y no lo niego, fue casi MÁGICO.

Del Amor al Olvido

Y me preguntas por qué ahora soy así
por qué ya no te respondo con cariño y cortesía
por qué ahora, cuando te miro
sientes un vacío imposible de llenar
por qué mis besos ya no te transmiten nada
por qué ya no soy capaz de hacerte el amor
y a duras penas solo te entrego sexo
por qué ya no necesito abrazarte cuando todo se ve mal
por qué parece que no tuviera un corazón capaz de amar
por qué ya no irradio ternura y
felicidad cuando estoy en tus brazos
por qué parece que ya no me importas.

Y a todos tus porqués, aquí la respuesta: Y qué importa ahora si en ese momento todo lo que te di te fue invisible. ¡Ay, cariño! No tienes idea de cuánto me costó dejar de quererte. Mi amor lo convertiste en olvido. Poco a poco me fuiste perdiendo, tanto que hoy notas mi indiferencia.

Despedidas

*Yo quería seguir siendo parte de eso que llamas buena suerte,
aquella que no siempre mereces,
pero que el destino te ofrece.*

Lamento haber llegado tarde, mi amor; me entretuve en otros amores creyendo que eran reales, estaba distraída, aprendiendo lo que deseo y merezco en el amor. Intentaba no estar sola por miedo a que nunca llegaras. Pero hoy que estás aquí, me siento inmensamente feliz y comprendo que todas las lágrimas que derramé antes por esos falsos amores valieron la pena, así como cada noche de tristeza, porque me llevaron a ti.

Comienzo a confundirme y no sé de qué va tu juego, pero nada me importa, si al final, por decisión propia, terminas siendo frágil en mis brazos, buscando mi boca para compartir tu felicidad, mis brazos para refugiarte de la agobiante tristeza, y mi cama, para descansar.

Y qué importa si un día te provoca besar otros labios, probar otra piel o dormir en otro regazo; siempre serás libre de hacerlo, si al final vas a regresar.

Intenté negarlo, pero tus idas y venidas solo me causan dolor. Esa última noche solo lloré, lloré y lloré sin decir una sola palabra. Lloré hasta sentir que todo aquello que no pude llorar había escapado en cada sollozo. Lloré hasta temblar. Me aferré a tu cuerpo cálido buscando refugio. Lloré una última vez por no entender cómo después de tanta palabra bonita podía venir una despedida. Lloré porque no sabía cómo quitarte ese miedo para que puedas amarme como yo a ti. Lloré porque nunca amé a nadie así de bonito, de real, de inocente, de desinteresado y sin embargo no fue suficiente para que te quedes. Esa última vez fue el día más feliz de mi vida, aunque tal vez también el más triste.

Oswaldo Saavedra

Nació en Piura y tiene 27 años. Estudió Ingeniería Civil. Su amor por la lectura y escritura inició desde su niñez, en esta etapa ganó un concurso con su cuento «El delfín rosado». Actualmente escribe poemas y prosas en su blog y redes sociales.

IG. @osaavedrab

Hasta que me volví recuerdo

Te esperé hasta que me volví recuerdo
un día que dejé de significarte sonrisa
mientras aún eras el motivo de la mía,
me volví recuerdo casi sin importancia
un recordatorio de cumpleaños en el calendario
mi abrigo en el fondo de tu armario coleccionando polvo
la sombrilla del verano que dejé en tu carro
una dedicatoria al pie del poema que no trascendió,
te esperé porque no pude hacer otra cosa
porque mi abrazo nunca aceptó otro calor
porque me volví adicto al frío y tú fuiste la reina de Siberia,
me convertí en recuerdo
porque nunca tuve nada mejor que hacer
después de la Reina, solo queda jugar con damas
y yo nunca jugué bien a ser el Rey,
sabía que me convertiría en recuerdo y lo acepté
y también te acepté a media noche en algún bar
en mitad de la madrugada al beber agua
a media calle cuando encendía un cigarro
y sobre todo, en la mitad de la cama que aún no ocupo
en cada lugar que apareció tu recuerdo, lo acepté.

Y aunque no sea relevante
la mueca que aparece en la comisura de tus labios
cuando entiendas la referencia a Siberia
valdrá la pena, aún con todo el frío,
convertirme en recuerdo
es lo mejor que puedo hacer
y, aún así, sigue siendo mejor
que ser parte
de tu olvido.

SABOR A SAL

Solo espero que este amor nunca te duela
que los días a mi lado nunca sean uno más
que la vida pase sin cobrarnos regalías por el pasado
o impuestos por ser en exceso felices
que esta sal que llevamos en la piel
y este sabor a mar de la infancia
sean suficientes para suavizar las olas
mientras navegamos mar adentro.

Solo espero que esta suerte de tenerte nunca expire
y poder ver morir el día desde este balcón
escuchando como te quejas del calor
para poder verte con menos ropa
recibirte sobre mi pecho con una limonada helada
que nunca es suficiente
que nunca enfría lo suficiente.

Solo espero que este amor nunca nos pese
y el clima siempre nos permita levantar vuelo
que mientras tú manejes, yo feliz de ser tu copiloto
sin paracaídas y sin póliza
dispuesto a cruzar cualquier triángulo
ya sea en las Bermudas
el de tu naturaleza illuminati
o el que se forma entre tus ojos y tus labios.

Solo espero que la vida no tenga prisa
y que tardes como esta
nos lleguen de a pocos y a cucharaditas
sintiendo siempre ese sabor a sal que me recuerda
que eres el mar y que una sola vida
no basta para terminar de conocerte
aunque podría vivir de náufrago
en esta pequeña isla que nos hemos inventado.

En resumen y para ser sinceros
solo espero que esta vida
la pueda terminar de vivir
a
  tu
    lado.

Vuelve

Vuelve, que la última taza de café
que tomaste aún tiene marcado tu labial,
mi reloj sigue marcando las tres de la mañana, mientras
el segundero nervioso de tanto café se muere por seguirte.

Vuelve, trayendo contigo tu sonrisa,
juega un rato con tu cabello frente a mí,
hipnotízame para olvidar por completo tu adiós,
el tamaño de tu abrazo y las madrugadas de insomnio.

Vuelve, que aún puedo sentir tus pasos por el corredor,
a punto de tocar la puerta de mi cuarto,
me levanto de mi trance a abrirte, solo para recibir el aire frío
de la madrugada y el chirrido de la vieja puerta.

Vuelve, que mi sonrisa se ha perdido camino a ti,
mientras que la tuya no quiere salir de mi cabeza,
se resiste y amenaza con explotar aquí dentro,
para terminar de destruirme, para borrarte de mí.

Aquí nuestros fantasmas se han aburrido de mi tristeza,
de ver acumularse las botellas en el piso,
las colillas en el cenicero y las lágrimas en la almohada.

Vuelve, que la poca vida que me dejaste está por terminarse,
la coraza que le muestro a los demás se está gastando,
ya es casi transparente y pronto todos podrán ver lo que de verdad
quedó de mí,
pero está bien, ya me estaba cansando,
y tal vez así, al verme así,
quieras regresar.

POSTALES

Hoy llegaron las postales de navidad que ordenamos
mostrando nuestra mejor sonrisa
nuestros mejores deseos,
aún estás en la cama
mientras por todos lados se oyen villancicos
yo solo tengo ganas de oírte respirar
y pese al calor de la mañana
se me antoja ya, la taza de chocolate caliente
junto a tu mejor abrazo de Nochebuena
bajo el muérdago que nos inventamos.

Viéndote en la cama, envuelta en el cobertor
te me antojas como un regalo a medio envolver
y yo, que soy tan impaciente
me controlo las ganas de saber que hay dentro,
de espiar dentro.

Hoy llegaron las postales de navidad
pero la única postal que me interesa ahora
es aquella que tiene tu estampilla carmín
y tu radiante sonrisa.

NO DUDES

No dudes en tocar mi puerta
si estás cerca y te sientes cansada
si el tacón se te rompió y necesitas mis tenis
si se te bajó una llanta y aún sigues sin contratar seguro
si necesitas retocarte el maquillaje corrido
si el maquillaje se te corrió por tanto llorar
si lloraste porque te dejó el novio de turno
si dejaste las llaves en casa y no tienes donde dormir
si al dormir tienes pesadillas
si las pesadillas resultan ser realidad
si la realidad te ha vuelto a golpear
si puedes golpear mi puerta.

Aún tengo mi reserva de té helado en la nevera
pero ya no cerveza ni vodka
en algún lugar de mi armario una polera vieja y el sofá cama
aún están dispuestos a recibirte.

Vuelve cuando quieras, que cada toque es una campanada
de esas que anuncian el Año Nuevo
y esperas abrazar a un ser querido al final de la cuenta
o en mi caso, te espero a ti, que es casi lo mismo.

Vuelve ahora, que de a pocos voy perdiéndote la fe,
mira que he cambiado de lugar la llave de emergencia
la piedra falsa no guarda más secretos
la he relevado de su guardia
de su espera,
de ti.

Pero en honor a la verdad
a ti, y a lo vivido,
puedes pasar por casa

cada que te sientas débil,
mientras dure mi guardia
mientras dure mi fe
mientras tenga helado solamente el té
y no mis ganas de ti.

100 Y 35

Ya estaba despierto cuando
me di cuenta que no estaba a mi lado,
fue una noche más, pensé,
trataba de recordar cada detalle de ella
recordaba su vestido negro
sus tacones
su maquillaje
sus ojos marrones
su labial rojo
su lunar a media pierna
la forma en que le regateó al taxista
la forma en que se quitó el vestido,
fue una noche más, pensé,
de pronto escuché abrirse la puerta de mi cuarto,
acabo de preparar café, me dijo,
yo aun con media resaca en la cabeza le dije gracias,
y aun acostado en la cama
vi como se quitaba mi polera
y como se desataba la improvisada cola de su cabello
buscó pieza por pieza su ropa
y cuando había terminado se acercó
se tumbó sobre mi pecho
y la vi,
ya sin maquillaje,
con el cabello revuelto
sin el labial rojo
sus ojos marrones me miraron
y me sentí pequeño ante ella,
¿me enseñarás alguno de tus poemas?, preguntó
retomé la compostura, tomé aire
si te quedas
podría escribirte un verso que rime con tu nombre, le dije,
pues inténtalo,
y puede que me quede.

Y aquí estamos,
100 tazas de café y 35 poemas después,
ella sigue despertando a mi lado.

En lo más Alto

Ahora que estás a punto de
declararme persona no grata en tu vida
y que no hubo réplica a mi favor para poder defenderme
siento como crece el miedo
como crece la culpa, y está bien,
está bien que decidieras que ya no podías conmigo,
estás cansada, lo entiendo,
estás molesta, lo entiendo,
pero ahora que estoy a punto de ser exiliado
cuando las alarmas de peligro se han disparado
cuando entiendo que ya no te podré dedicar mi poesía
empiezo a notar que se acabará el café pasado en las mañanas
que no tendré tu mirada acusadora cuando tenga dos o tres piscos
de más,
y tampoco tus palabras de ánimo
cuando algo vaya mal y me sienta menos,
empiezo a sentir miedo, dejas costumbres instauradas
el teatro una vez al mes que terminó gustándome
cenar solo fruta para poder dormir mejor
la hipnosis provocada por tus espasmos
(de esto último creo siempre seguiré hipnotizado)
pero está bien,
ahora que te vas,
y me dejas en lo más alto de esta montaña rusa,
a pesar de mi fobia a las alturas,
empiezo a sentir miedo,
y a pesar de lo asustado que estoy por la dura bajada,
daría todo por volver a subir
siempre y cuando, corazón,
fuese a tu lado.

SEMÁFORO

Ayer me quedé inmóvil al verte a mi lado,
pero pronto me di cuenta que no eras tú,
qué casualidad,
tenía tu cabello castaño,
tus ojos marrones,
tu forma de sostener el cigarrillo,
y tu manía de mover la pierna cuando tenías prisa,
qué casualidad,
tenía hasta tu mismo andar,
apresurado pensé saludarte, aun confundido,
apresurada cruzaste al cambio de semáforo,
y lentamente dejé que te vayas,
aunque no eras tú quien se iba
claro está,
ayer me di cuenta que ya no eras quien conocí
te veías igual, con las mismas manías, pero
tenías tacones en lugar de las *Converse* sucias
tenías labial rojo sobre el rosado natural,
tenías una falda ocultando tu tatuaje a media pierna
tenías a alguien esperándote al cruzar,
¿Ves que tenía razón?
ya no somos los que solíamos ser
nuestro pasado se hubiera reído,
pero el presente que llevo al lado,
y aquel que te esperaba al otro lado de la calle,
no lo saben, y por nuestro bien, corazón,
no deberían saberlo,
el claxon del carro de atrás me recordó que debía avanzar,
el semáforo había cambiado nuevamente
sí
justo como nosotros.

CATARSIS V

Me dijeron que ya no me lees y me sentí tentado a escribirte
ahora que me veo liberado,
supongo que puedo (debo) empezar
ya no hay heladerías en que me quiten los antojos
no he vuelto a reírme tanto en un concierto como contigo
mi tacto se acostumbró a tu delgado cabello
a tu mano pequeña y temblorosa del primer beso
beso que me tatuó un rosado indeleble
un beso en la frente que me estigmatizó
una llamada por *Skype* que aún recuerdo de memoria
que tengo una libreta con poemas a tu nombre
que nunca podré publicar
y una novela con el futuro que perdí, que me duele leer
que fueron decenas de noches en algún bar
donde te llamé hasta que olvidé tu número
que hubieron *inbox kamikazes* que perturbaron tu tranquilidad (lo siento)
que nunca he podido cerrar el capítulo, porque aún tengo esperanza de poder darle otro final
no lo niego
tu foto se quedó de fondo de pantalla dos o tres meses después de dejarnos,
tuve tu rompecabezas guardado dos años más,
las canciones improvisadas aun rondan mi *playlist*
pero ahora tú estás cruzando el mar
mientras yo espero la luz verde en el paso de cebra,
pensando en que escribiré el día de hoy
porque este poeta ya no causa efecto
pero aún te guardo un tulipán por si hay motivo
y una botella de *Malbec*, por si me sonríe la suerte
aunque me niego a aceptar que ya encontraste tu final feliz,
mientras yo me quedé en el «había una vez» sin llegar a leer el final de nuestro cuento.

Me dijeron que ya no me lees
y casi me siento tentado a escribir tu nombre
pero solo atiné a describirte
esperando que lo notes.

Brenda Ramírez

Nació un octubre de Lima y tiene 23 años. Psicóloga,
poetisa y bruja en sus ratos libres. Inicio a escribir
desde su adolescencia. Conjuga la melancolía y el
querer, la sinceridad y la lucha de la mujer. Participa
en recitales y ferias poéticas en Lima y provincias.

IG. @brendaletras

BONITA

Un día, bonita
conocerás a alguien que interprete tu sonrisa
y no salga corriendo al primer derrumbe
alguien que llene de girasoles tus días grises
y en un beso te revele todos sus matices.
Conocerás a alguien
que pueda leer tus versos prohibidos,
que escuche tu canción favorita y la entienda
que ame tu colchón y la manera en cómo saboteas tu semana.

Un día, bonita, lo verás, y comprenderás por qué pasaste mucho
tiempo sola, esperando.

Llegarás a volar desde tu almohada
ver brillar toda la galaxia en sus brazos,
fluir con su calor y cómo te embriagas de amor
sentirás lo que es flotar de la mano y sobre todo confiar
y que te reconstruyan.

Pero hasta entonces, no.
no te dejes en cualquier bar
ni mucho menos te olvides en otra piel
no recibas migajas de amores mediocres
ni te lleves a la boca labios sin sabores.

Date la oportunidad
de que cuando esa persona llegue
te encuentre y puedas
Volver
    A
      Comenzar.

Espejo

Te regalo un poema
lleno de miedos, con mentiras
con un «te quiero» a medias
y con la mano apunto de soltarte.

Te regalo un poema
sin interés ni importancia
con retazos de amores pasados
y momentos llenos de soledad.

Te regalo un poema
sin provocarte orgasmo mental
con sabor a cerveza, nada sentimental.

Te regalo un poema
de sábanas manchadas y un corazón roto
con desilusión y metas perdidas.

Te regalo un poema
sin detalles ni girasoles
con penas y lágrimas.

Te regalo un poema
sin buenas intenciones, ni besos largos
con abandono, despedida anticipada
y un poco de cenizas esparcidas.

Porque te regalo un Poema,
uno
que se parece a ti.

Ella

Los amores a distancia son retos al espíritu y la esperanza, pocas personas llegan a entender que el amor debe ser sincero y no solo la soledad que los agobia. Nos aferramos a los imposibles porque así la vida es más emocionante, y si tenemos suerte ganamos un poquito de amor, y sino... nos rompemos en mil pedazos.

Y tú... Tú me enseñaste a creer muchas cosas mientras te veía despertar más de una vez al otro lado del Pacífico, y descubrí que tu sonrisa era la mejor manera de decir buenos días, aunque te apenara. Te las ingeniaste y me hiciste creer que el azul del océano no era igual al azul de nuestros deseos; que de labios carmesí, a veces, el sabor no es a fresa, que las tortugas pueden ser muy rápidas si así lo desean y que el cielo que mirábamos era el mismo que nos unía. Me hiciste creer que el amor tenía estaciones, que estaba en ámbar mi camino, y que tú eras mi carril de suerte; que las pestañas que se nos caen no son más que un anhelo deseando ser pedido, y que un suspiro es un grito del alma. Me hiciste creer que la distancia no importaba cuando dos corazones se sentían cerca, que no era necesario ver un rostro todos los días para estar enamorado. Ja... Me hiciste creer que no estaba rota, solo mal encajada, que no llevaba lluvia en mi alma, sino glaciares descongelándose; que podía amar, que todo el dolor que había sentido antes habría valido la pena solo por conocerte, que eras diferente. Me hiciste creer que sí podía, que funcionaría, que entrelazaríamos las manos un día de otoño, que iría al aeropuerto, correrías hacia mí y me besarías. Me hiciste creer que el tiempo era ahora y eras tú, pero igual nos fuimos y jamás nos conocimos.

Milagros

Milagros nació el 1 de noviembre
porque en octubre no hay milagros
y para su madre de 44 años fue un «milagro»
que Milagros llegará a su vida.

Milagros creció
y fue una niña muy alegre, tranquila,
con buenas calificaciones y ganó una beca de «milagro».

Milagros creció un poquito
y los labores del hogar se convirtieron
en sus nuevos juguetes.

Milagros creció un poquito más
y se enamoró de un chico muy lindo
que la quería tanto y protegía tanto pero tanto
que un día, por verla hablar con otro chico,
la insultó, la humilló, le dijo que era una perra, que era fácil.
Y entonces llegó el primer momento de Milagros,
donde sus amigas le dijeron:
«Qué milagro» que no le dijo nada al otro chico,
como si eso significara algún alivio para ella.

Y Milagros creció más,
y se casó con alguien que era sumamente «normal»
que toda su familia quería y con quien formaría una gran vida
pero un día él llegó borracho y explotó contra Milagros
y la golpeó reiteradas veces
y el segundo momento de Milagros llegó,
cuando su familia le dijo:
«Agradece, es un milagro que no te mató»
Milagros, deseaba no crecer más...
Y una noche se cruzó con un hombre

que la obligó, violó y la botó como basura en un callejón, y sin querer queriendo era su tercer momento, y todos esperaban «el milagro» de que no esté embarazada, mientras en la comisaría le decían que tenía suerte de no haber terminado más ensangrentada.

Entonces Milagros lloró
y llena de rabia ¡gritó!
se cuestionó ¿por qué su vida tenía que ser un milagro?
o peor aún, por qué le llamaban «vida» a eso...
donde la callaron
haciéndole creer que fue un poco de «¿buena suerte?».

Y entonces Milagros odió su nombre,
odió su sexo, odió su vida y se hundió, se apagó.
Hasta que un día vio que Geraldin, Ximena, Claudia, Sofía
y muchas otras eran también «Milagros»
solo que con otro nombre y menos suerte...

Y dejó de llorar, se levantó con puño
Y decidió luchar
por su nombre
por su sexo
por su vida

Y no volvió a dejar
que su existencia
sea un «Milagro»
sino, solo su nombre.

Sempre/Sempre

Te esperaré.

Me disculpo por los actos
de repulsión y desconfianza
que florecieron en tu vida
por mi culpa.

Por los días que no sostuve tu mano en el camino
y mi falta en días tristes donde tenía un boleto ya comprado.

Envío este intento fallido con la esperanza
de reanimar algo que anda muerto
con la idea de que sea coraza
pero si me dices que me vaya
cojo mi maleta
y el primer vuelo lejos de tu alma.

Lo siento
y arde en mí las veces
que dije «amor» a alguien que no eras tú,
los besos que no llegaron a su destino
por andar de orgullosa ignorando tu amor
y el vacío de nuestros brazos por la distancia.

Tanto que
pienso reiteradas veces
las noches que tendríamos en tu balcón
viendo estrellas, a salvo de toda
esta historia de terror.

Y lloro, sabiendo lo tanto que odio
sentir el frío de mi lágrima en el rostro
y siento, porque me enseñaste que

demostrar a tiempo mis sentimientos
es mi salvavidas.

Y por eso, si aceptas mi espera
yo te demostraré por qué
ninguna figura llenó tu sombra
por qué ninguna sonrisa calmó mi tristeza
y por qué ninguna persona pudo borrar tu nombre.

Si dices que me vaya
te llevaré conmigo en mis recuerdos
y en mis mañanas
en la canción que te compuse y será famosa
en los mil poemas que tengo y
siendo tú la protagonista de mis peores borracheras,
te tendré conmigo.

Y aún si dices que me vaya, yo
te deseo una vida llena de amor
de risa y orgasmos
una casa enorme con un perro chiquito
y otra gigante, con tus gatos, nuestros gatos
desde un, peq vida de éxito y éxtasis
donde sepas que la mejor opción que tuviste
fue dejarme.

Porque aún si dices que me vaya
no dejaré de amarte.

(…)

Benditos sean tus labios
que trasforman la mierda diaria
de periódicos chicha vendiendo políticos
y famosos por hacer de su vida un show.

Y el show en la recámara entre las paredes blancas
de paz y risas donde prendes la televisión
          que tanto odio y tanto ves
cuando son las seis de la mañana y me despiertas con noticias
llenando de besos mi amargura y de luz tu eternidad.

Y así
reconozco esos besos matutinos
que alivianan el horror
de la violencia y atropellos de derechos
de fresas en el yogurt
y decirme: «Amor, deja, quiero ver noticias»
mientras me baño con la música al tope
pensando en que mañana mismo te pido matrimonio.

Bendita tú y tu deseo de querer informarte
de no llenarte con lo que dicen los maestros
de dudar
de preguntar
de pensar
de decirme: «Creo que debemos hacer algo».

Benditas tus manos que me acompañan en marchas
y cuando escribo
cuando estoy harta, apunto de abandonar y
asqueada de un estado que me tiene harta hasta los huevos que me
faltan
donde agarro tu cintura y creo que soy invencible
que mataremos a alguien,

quizá un japonés que ya salió de la cárcel.

Bendita tú, que no me dejas caer a la mierda
 y ser como todos tan conformes, tan iguales.

Y aunque aún no sepa qué hacer con este gobierno,
con la pobreza y los abandonados de su dios,
aunque no sepamos qué hacer por la lucha de no matarnos,
de gritar por los que ya se fueron
por los enterrados.

Incluso, sin saber qué cosa nos mate
si una bomba lacrimógena,
un puente que se cayó, no, perdón, se desplomó
o si cruzando la pista un ebrio de realidad nos atropelle,
aún con todo esto, tú
TÚ no me faltes.

Girasoles Anónimos

Y como tal obra de Van Gogh
las vi marchitarse, desvanecerse,
morir.

Llegaron al zaguán una mañana lluviosa
mientras recién recobraba el último aliento
de la noche anterior.

Traía el cabello lleno de orgasmos
y una sonrisa bien escondida;
salí, y ahí los vi...
el arreglo de girasoles anónimos.

Até mi corazón roto con resto de pieles
para que no divague, entonces pensé
y el balde de soledad cayó bruscamente
sobre mis pies desnudos
ninguna alternativa se me cruzó
no sabía de quién podían ser.

Me senté y agradecí el detalle
traté de asimilar la triste situación
de un hermoso detalle de fidelidad
a girasoles, mi flor favorita, sin remitente
y lloré.

Supuse dos a tres opciones irracionales
y luego las escondí
sentí miedo y emoción
Con una nota en forma de promesa:
«llenar tu vida de girasoles»
Las veía todos los días en mi jardín
al dormir
al despertar

al almorzar
al bailar
con vino
con café
con sueño
con tristeza.

Y poco a poco fueron muriendo
como mi curiosidad
jamás pregunté ni quise hacerlo
hasta que un día fallecieron en anónimo
regadas por mis lágrimas
girasoles sin amor
y yo, sin corazón.

Mucho Gusto, Soy una Hija de Puta

El caos de mis relaciones tomó por secuestro el mes de abril; por ahí yacen mis mejores errores y el arte de romper un corazón sin que cruja, es que soy una hija de puta.

He maldecido a un par de personas, maldicho a una bonita, ilusionado a más de un salvavidas y dejado a todos en una vitrina ¡porque soy una hija de puta!

Me tienes como segunda opción y yo ya te había sacado de la lista; no ando con rodeos y beso en la primera cita, te cojo de la mano y te digo: entra, cuesta 20 lucas.

Tengo más lencería de encaje que de abuela, pero las tengo; me encanta la seducción de lunes a lunes, muerdo los labios y soy altamente peligrosa.

Te gusto en la primera conversación.

Pero... fiel a mis principios
soy una hija de puta.

Bendecida así por todos los amores de mi corta vida, honrando a mi madre y sirviendo al público un deleite de poesía, creándome como un puntito en la infinidad de la nada.

Y entonces me pregunto: ¿Y qué, si soy una hija de puta para todos ellos? Si eso me cataloga de maldita o mal amante, si eso impide que tenga un cuerpo con quien abrigarme o si por eso algún ex regresa.

Así me presento
porque amo con locura,
río sin mesura,
me quejo de todo lo que es una porquería,

pero sobre todo,
me llaman «hija de puta»,
porque no sé quedarme
y huyo
en la segunda cita.

Lesly Ruiz

Nació en Lima y tiene 21 años. Egresada de Administración de Negocios Internacionales (UNMSM). Colaboró en la antología «Iniciativa Poética» (México, 2015). Sus poemas se inspiran en el amor, los sueños y la libertad.

IG. @leslyruiz.letras

Amor Inevitable

Iba y volvía cuando quería; así, en instantes inesperados, regresaba cual viento roza tus mejillas y te alborota los cabellos, como un frío tenue recorriendo la piel descubierta desde mi cuello hasta sus manos. Esos son los recuerdos que no puedes evitar, la profundidad de su mirada que, aún en sueños, se manifestaba de manera tan real y perceptible. Su respiración podía sentirla a kilómetros de distancia, e incluso así, era el sonido más hermoso del mundo. Las noches en vela, en las que lo observaba en el imperturbable silencio que mantenía sus párpados caídos, así rendidos y resignados entre risas y tragedias, lágrimas sin llanto, impotentes que solo se resbalaban lentamente por nuestros rostros. La luna era testigo de aquellas sutiles caricias, apasionados besos y de las horas que yo pasaba descansando sobre su pecho, aferrados uno al otro, como dos pequeños niños que quieren seguir viviendo una utopía amorosa, mientras el cielo se caía a pedazos encima de sus corazones; sin embargo, sabían que el destino se encargaría de encontrar sus caminos, una y otra vez, incontables veces, y aunque fuese para la eternidad siempre sería a destiempo.

Mis Recuerdos en Ti

Cuando te acuerdes de mí...
pensarás en versos y poesía,
en las nostálgicas letras de Neruda,
y los peculiares fragmentos de Cortázar,
en la rima perfecta de tus manos
haciendo caminos por mi espalda.

Cuando te acuerdes de mí...
pensarás en libros y música,
en las hermosas canciones de Filio,
y los magníficos cuentos de Ribeyro,
en la historia furtiva e inconfesable
que nos tocó vivir a destiempo.

Cuando te acuerdes de mí...
pensarás en pintura y filosofía,
en las citas de Sócrates y Platón
y las maravillas que hacía Van Gogh,
en el indescifrable sentimiento
que velozmente nos atrapó.

Cuando te acuerdes de mí...
pensarás en café y literatura,
en dos cucharitas de azúcar,
y en las grandes obras de Gabo,
en la bella y singular armonía
de mis dulces besos y tus finos labios.

Cuando te acuerdes de mí...
pensarás en la luna y el otoño,
en las noches interminables en vela,
y en el viento revoloteándolo todo,
en las largas caminatas tomados de la mano,
y las estrellas brillando solo para nosotros.

Cuando te acuerdes de mí...
pensarás en la primavera y el mar,
en los tulipanes y las margaritas,
y la espuma blanca que las olas traían,
en las cálidas tardes de lectura,
donde solo era necesaria nuestra compañía.

No te acuerdes de mí,
cariño mío,
porque si lo haces
ya no podrás pensar
en nadie más.

IMPERFECTA

Ella no tenía los cabellos finos ni dorados,
no vivía en un castillo, tampoco en un palacio,
no era la princesa de un cuento de hadas,
solo escribía poemas y rimaba palabras.

Ella no tenía los ojos verdes ni azules,
tampoco tenía una voz tan dulce,
ella tenía una luz en su soñadora mirada,
y la tinta de una pluma que la inmortalizaba.

Ella no tenía una figura despampanante,
tampoco tenía la sonrisa más brillante,
ella tenía un cuaderno en el que plasmaba,
poesías y versos que a la luna le regalaba.

Ella era una chica totalmente imperfecta,
era algo loca, y a veces necia,
un tanto obstinada y bastante orgullosa,
pero tenía el alma auténticamente hermosa.

Usted

Lo elegí a usted, porque despertó en mí los sentimientos más hermosos e impensables, porque nuestra historia entre todas las historias fue la más inolvidable, porque sin darnos cuenta descubrimos el recóndito significado del amor, porque lo nuestro, contra demonios y sombras incesantemente pugnó.

Lo elegí a usted, porque a su lado podía ser únicamente yo, con total libertad, porque con su sola existencia llenaba mi vida de felicidad, porque supo encandilarme con aquella mente brillante y un diáfano corazón, porque juntos nos olvidábamos del tiempo, de la cordura y la razón.

Lo elegí a usted, porque fuimos cómplices furtivos en esta bella y osada locura, porque siempre compartíamos incontables besos, sonrisas y ternura, porque fue, es y será la inspiración perfecta en cada uno de mis poemas, porque tomados de la mano supimos destrozar todos los esquemas.

Lo elegí a usted, porque sin querer con cada atípico suceso nos convertimos en artistas, porque nadie se imagina la odisea de la que fuimos protagonistas, porque estando a su lado era imposible querer dejar de soñar, porque hallamos lugares donde jamás nadie alguna vez pudo llegar.

Lo elegí a usted, porque lo vivido nos hizo alcanzar la tan ansiada inmortalidad, porque fuimos, somos y seremos uno solo por toda la eternidad.

Juegos Letales

En medio de una fría y taciturna noche,
tu cuerpo le comparte calidez al mío,
entre besos que rozan nuestras pieles,
caricias arrebatadas a mutua voluntad,
deseos ardientes atiborrados de pasión,
el frenesí hace que perdamos la razón,
un espíritu dionisíaco que anhela el placer,
desencadena la total efervescencia del ser,
los delirios se van transformando en acción,
los sentidos encienden las llamas y el calor,
nuestras manos juegan y recorren caminos,
el arte de los movimientos nos da plenitud,
un manantial de vida que brota del fervor,
nuestros labios susurran el lenguaje del amor,
sin darnos cuenta alcanzamos lo anhelado,
las miradas manifiestan todo lo disimulado,
las estrellas brillan en el cielo de emoción,
pues ellas son testigos de dos almas en unión,
el silencio otorga paso a un respirar satisfecho,
las sonrisas en complicidad revelan el hecho,
una vez más nos fundimos en un bello sueño,
para juntos contemplar un amanecer perfecto.

Eres Fuerte

Por los momentos en los que creías estar derrumbada, sin embargo, sacaste fuerzas de donde creías no tener para seguir luchando contra cualquier adversidad. Por las lágrimas que derramaste en silencio para no herir susceptibilidades ni sembrar tus tristezas en los seres que amas y que te aman.

Por las veces en las que soportaste críticas, oprobios, prejuicios que te acongojaban el corazón, pero que venían de quienes desconocían tu esencia. Por las heridas, a veces profundas, aquellas que dejaron cicatrices que te lastimaron el alma, pero que hoy son historias que han sido de inspiración para muchos.

Por el ejemplo de determinación que demuestras ser a diario, porque no te amilanas, porque te arriesgas sin importar si fallas, porque sabes que esa es la manera de entregarte por completo. Porque vives con una sonrisa a pesar de las tormentas y calamidades, porque sabes ser luz cuando todo se encuentra en tinieblas, porque brillas y alumbras el camino para que los demás no se caigan y si lo hacen, vas y estás dispuesta a levantarlos.

Porque vuelas, y vuelas alto sin despegar los pies de la tierra, porque no temes el mirar nuevos horizontes y conquistar nuevos cielos, porque para ti no existen límites en el camino hacia tus sueños.

Es por todo esto y más que eres fuerte, y cuando lo eres te pones más guapa. Recuérdalo siempre, por favor, eres fuerte, porque así te creó Dios.

Historia Infinita

¿Y si intentamos contar los innumerables momentos juntos y los inolvidables recuerdos?

Los infinitos besos nuestros, esos que nos llevaban al cielo y nos mostraban las estrellas.

Cómo no evocar con tanto frenesí las constelaciones dibujadas en mi piel por aquellas manos de artista.

Y las sonrisas inmanentes a un existir tan único, ese en el que nuestras vidas eran una sola.

Tu sigilosa e incansable voz que me leía versos de poesías, que trataban de definir lo que ambos sentíamos.

Las irrevocables palabras que susurrabas sutilmente a mis oídos y que hacían melodías en los mismos.

Imposible no cavilar en tus inquebrantables letras, esas que plasmabas en la dedicatoria de los libros que me regalabas.

Y cuando hallabas citas en esos tantos libros que alguna vez leíste, que inexorablemente te recordaban a nosotros, a nuestro atípico amor, a lo vivido, que emocionado me contabas y espontáneamente se dibujaba en ti una sonrisa.

Y si volvemos a aquellos días en los que jugábamos a las escondidas en nuestros mágicos sueños, y nos buscábamos incesantemente para luego encontrarnos abrazados en la cama, con tu mirada posada sobre la mía, y me repetías una y otra vez que me amabas y que yo era el amor de tu vida, que con nadie nunca utilizaste la palabra amor, y que jamás alguien pudo hacerte sentir los sentimientos que yo desaté en ti.

Entonces, cómo no recordar cada tarde en la playa, con la brisa vespertina acariciando nuestras mejillas, contemplando aquel horizonte con sus singulares colores, la arena deslizándose entre nuestros dedos, las olas del mar celebrando cada muestra de amor entre dos almas que no podían negar lo que sentían mutuamente, enamorados como dos pequeños niños, como si fuera la primera vez y al mismo tiempo la última.

O cuando en las noches solíamos vislumbrar aquel hermoso manto estelar, el eterno firmamento, el mismo que también veía en tus ojos, y la inmensa luna que refulgía con una inigualable intensidad. Esas veces en las que inacabables tertulias surgían de la nada, y que sin darnos cuenta evidenciaban ese arte dialéctico que tanto tú como yo compartíamos, podíamos así charlar de literatura o filosofía, de historia o de geografía, no importaba, pues siempre había algo que argumentar o algo que objetar.

Esas extrañas veces en las que bailábamos juntos, a pesar de que no lo hacías tan bien; tú tomándome de la cintura y mis manos rodeando tu cuello, dejabas así que yo guíe tus pasos al ritmo de la música y podía sentir los acelerados latidos de tu corazón a medida que me acercabas más a ti para poder robarme un beso; y nuestras pupilas se perdían entre ellas y no existía en el mundo nadie más, solo tú, solo yo, solo los dos.

Cómo olvidar que amábamos las largas caminatas bajo la lluvia, con nuestros sentidos estremecidos a la intemperie, sin tener temor de elevar nuestras miradas a lo alto, con las gotas que se resbalaban por nuestros lozanos rostros y tenían la osadía de recorrer las comisuras de los labios, días de incomparable felicidad eran los que vivíamos a menudo.

Y el tiempo se detenía cuando estaba a tu lado, pues tu palpitar no dejaba que los minutos transcurrieran ni que las horas pasen, éramos dueños de un majestuoso e implacable contexto en el que proclamábamos el amor en el que estábamos envueltos, ese amor que invadía nuestros seres de forma categórica y absoluta.

Momentos peculiares en los que nos amábamos desenfrenadamente y nos entregábamos a plenitud sin darle explicación alguna a los demás, sin que tenga importancia el qué dirán, y me decías que adorabas cada gesto mío, tan único; que te encantaba escucharme reír y me confesabas así, que tu vida comenzó desde que nuestras miradas se cruzaron por vez primera, porque juntos aprendimos el verdadero significado de amar, que solo conmigo querías alcanzar la eternidad, que fue junto a mí que llegaste a la inmortalidad.

MAMÁ

A Marleny, mi universo completo.

A la existencia más bella del universo,
al ser más sublime del planeta,
al amor más colosal del mundo,
y a la más maravillosa mujer de la tierra.

Todos los más excelsos y profundos encomios,
para un ser que a mi vida le regala felicidad,
que con sus sabias palabras me guía e ilumina,
en cada decisión, en cada paso al avanzar.

En el frío, tus brazos son mi más cálido abrigo,
y en la noche tu dulce voz a mis sueños arrulla,
con una sonrisa le otorgas color a mis días,
y así las penas y tristezas, conviertes en alegrías.

Poseedora de los más magistrales dones,
y de una fortaleza que nadie puede igualar,
las palabras se hacen eternas y no alcanzan,
cuando de mi madre quiero yo hablar o contar.

Un amor más hermoso, puro y sincero,
ni en un millón de años se podrá encontrar,
como el de mi madre única y adorada,
y su preciosa e infinita entrega incondicional.

Quiero Todo Contigo

Quiero amarte con todos tus defectos y todas tus virtudes, con tus aciertos y tus errores, quiero que aprendamos del pasado y de los «no tan buenos» episodios que vivimos, porque considero que esa es una manera de avanzar, de crecer y de evolucionar para seguir caminando juntos bajo un mismo propósito.

Quiero salvarte de todo lo que alguna vez pudiera lastimarte; evitar tu dolor y cada una de tus lágrimas (pero solo las que produzca la tristeza), quiero que cuando sientas que ya no puedas más, vengas, me hables y recuestes tu cabeza sobre mis hombros y encuentres en mí, la paz y la calma que necesitas para tranquilizar tu corazón.

Quiero pintarte la felicidad de domingo a domingo, traerte la primavera cuando sientas inviernos dentro de tu pecho, regalarte el sol cuando tus cielos estén nublados, guardarte mis estrellas cuando tus eclipses sean constantes y encerderte la luna cuando sientas que la oscuridad invada tu alma.

Quiero tomar tu mano y mostrarte la magia de los pequeños momentos, los atardeceres frente al mar, las salidas a comer, las horas hablando de todo y de nada, quiero visionar uno y mil futuros, demás está decirte que todos son contigo, envolvernos entre risas y carcajadas, y que los besos hablen más que las palabras.

Quiero que mis logros sean también los tuyos, y tus sueños sean los míos, quiero que recorramos todas las millas del mundo juntos y descubramos nuevos destinos; que construyamos experiencias inolvidables y recordemos nuestras anécdotas con sonrisas en el rostro y el deseo de seguir corriendo por más metas.

Cariño, recuerda bien cada una de estas palabras, sobretodo cuando el enojo sea más fuerte que el amor y la amargura permanezca latente en tu ser, porque yo lo quiero todo, pero contigo.